# L'Île Papillon

A. Briotet

Copyright © 2020 A. Briotet

All rights reserved. This book or any portion thereof may not be reproduced or used in any manner whatsoever without the express written permission of the publisher except for the use of brief quotations in a book.

ISBN: 9798608175350

# DEDICATION

This book is dedicated to anyone seeking to learn or to improve their knowledge of the beautiful French language.

# TABLE DES MATIÈRES

| | | |
|---|---|---|
| | Remerciements | i |
| 1 | Bon voyage | 1 |
| 2 | L'Île Papillon | 5 |
| 3 | Le cimetière noir et blanc | 12 |
| 4 | La Soufrière | 15 |
| 5 | Saut de la Lézarde | 19 |
| 6 | Un rendez–vous | 26 |
| 7 | Les îles des Saintes | 30 |
| 8 | Le musicien | 36 |
| 9 | Glossaire | 43 |
| 10 | À propos de l'auteur | 61 |

# REMERCIEMENTS

Thank you to Bruno, Jérôme, and Maryse for your help and encouragement. Thank you, Rémy Jambor, for your cover artwork. Thank you, Cécile Lainé, for patiently editing and refining the text with me. Thank you to my students for inspiring me every day.

# 1 BON VOYAGE

– Non Maman ! Je ne veux pas que tu m'accompagnes en ville ! J'ai dix-huit ans ! cric Caroline.

– Dix-sept ans, Caro ! répond sa mère.

– Dix-huit ans dans vingt jours ! crie Caroline.

Caroline regarde ses bagages devant la porte. Depuis qu'elle a décidé de faire son premier voyage seule, les problèmes n'arrêtent pas : l'école est difficile, elle a des problèmes avec ses amis, elle a bientôt dix-huit ans et sa famille pense qu'elle n'est qu'une petite fille…

Aujourd'hui, Caroline dit au revoir à ses problèmes. Demain, elle voyagera chez sa tante en Guadeloupe, une île française dans la mer des Caraïbes. Elle pense que ce voyage est la solution ; elle va partir loin de ses problèmes et **se prouver** [1] qu'elle est courageuse, indépendante, et qu'à bientôt dix-huit ans, elle est adulte.

Elle claque la porte de la maison et va au café avec ses amis. Quand elle arrive, elle voit venir son problème numéro un : son petit ami Jean-Christophe. Il ne comprend pas

---

[1] Prove to herself

pourquoi elle veut voyager. Quand il parle avec Caroline, il est désagréable.

Bientôt, ses autres amis arrivent. Sofia s'assied à la table et commence à parler de l'école. Sofia parle tout le temps de l'école ! Elle est très compétitive et Caroline ne veut plus parler de l'école.

Patrice aime jouer au foot mais n'aime pas l'école. Caroline comprend que le foot soit sa passion, mais elle n'aime pas faire son travail quand il va à un match !

Caroline parle de son voyage à ses amis. Jean-Christophe est silencieux et désagréable. Quand la serveuse arrive à la table, Jean-Christophe regarde Caroline et parle à la serveuse :

– Voilà mon numéro de téléphone. J'ai beaucoup de temps cet été. Vous pouvez me téléphoner si vous voulez.

Caroline est furieuse. *Jalouse ? Moi, jalouse de Jean-Christophe et de cette fille ?* Elle sent qu'elle va pleurer. *Une personne indépendante comme moi n'a pas besoin d'un ami comme lui.* Quand Caroline est chez elle, elle regarde une carte du monde dans sa chambre et pense : *Est-ce que la Guadeloupe est assez loin de mes problèmes ?*

## 2 L'ÎLE PAPILLON[2]

Caroline arrive à l'aéroport de Pointe-à-Pitre, en Guadeloupe. Dans l'avion, Caroline pense que la Guadeloupe ressemble à un papillon avec deux **ailes**[3]. La grande aile du papillon s'appelle *Basse Terre*, l'autre aile s'appelle *Haute Terre*.

Quand Caroline descend de l'avion, il fait très chaud. Après un long voyage Caroline

---

[2] "Butterfly Island"; a nickname for the French island of Guadeloupe due to its butterfly-like shape.

[3] wings

est très contente de voir sa tante et pense :

*Pour le moment je ne suis pas « Caroline la Courageuse » mais je sais que ce voyage va me transformer.*

Sa tante lui demande :

— Caroline, où veux-tu aller maintenant ?

— Je veux manger, et après, je veux aller à la plage ! dit-t-elle avec beaucoup d'enthousiasme.

Sa tante habite dans un village qui s'appelle Sainte-Anne. À Sainte-Anne, Caroline mange des spécialités de Guadeloupe : de **la conche frite**[4] ,des **accras**[5], et du **poulet**

---

[4] Fried conch shell

[5] Caribbean salt fish fritters

**colombo**[6]. Dans le restaurant, Caroline écoute de la musique **zouk.**[7] Caroline entend le français, mais aussi une langue qu'elle ne comprend pas.

–Quelle est cette langue ? demande Caroline.

– C'est le **créole**[8]. La langue est comme l'histoire de la Guadeloupe, une création de beaucoup de cultures différentes.

– Quand est-ce que les Français sont arrivés en Guadeloupe ?

– En 1635, les Français colonisent l'île pour

---

[6] A chicken curry brought over to Guadeloupe and Martinique by Sri Lankans which is named after their country's former capital.

[7] Zouk is a popular dance music from Guadeloupe and Martinique blending Caribbean, African and North American music styles.

[8] Creole people are ethnic groups which originated during the colonial era from racial mixing mainly between Africans and others born in the colonies, such as Europeans (French) or Native American peoples. A creole language develops from a mixture of different languages from these ethnic groups.

la production du **tabac**[9], et après la production de bananes et de **la canne à sucre.**[10] La Guadeloupe a une histoire difficile au sujet de la production du sucre ; les Français ont utilisé des esclaves africains pour cette production. Beaucoup de personnes pensent à la mémoire de cette période tragique.

Elle continue :

– Aujourd'hui, la Guadeloupe n'a pas assez de nourriture pour ses habitants. Elle importe des tonnes de fruits et de légumes chaque année. La nourriture en Guadeloupe est 40% plus chère qu'en France !

---

[9] tobacco

[10] sugar cane

– Je pense que ce soir j'ai mangé des tonnes de nourriture, rit Caroline, et c'est délicieux. On va à la plage ?

À la plage, Caroline voit un garçon qui joue de la guitare. Il a beaucoup de talent. Beaucoup de personnes l'écoutent parce qu'il joue bien. Il a de longs cheveux noirs, est très bronzé et a les yeux verts. Sa tante lui dit :

– Caroline, je dois passer à mon travail. Préfères-tu venir avec moi ou rester sur la plage ?

– J'ai bientôt dix-huit ans. Je suis indépendante. Je préfère rester à la plage.

Caroline s'assied sur la plage. Elle écoute la musique du garçon avec sa guitare et elle regarde les touristes. Elle n'est pas certaine, mais elle pense que quand il chante, il dit

*Caroline.* Est-ce une coïncidence ?

Quand il commence à faire nuit, Caroline marche vers le parking pour chercher sa tante. Elle entend un petit **bruit** [11]bizarre. Maintenant elle entend beaucoup de petits bruits en même temps. *Pourquoi personne ne fait attention au bruit ?* Caroline tremble. Quand elle voit sa tante, elle court à sa voiture et demande :

– Qu'est-ce que c'est ce bruit ? Tu l'entends aussi, non ?

Sa tante rit et dit :

– Ce sont de petites **grenouilles**[12]. Elles chantent la nuit. Elles chantent parce qu'elles

---

[11] a noise

[12] frogs native to Guadeloupe that are notorious for their high-pitched singing at night.

sont contentes. Elles aiment quand il ne fait pas chaud.

— Des grenouilles ? rit Caroline.

Elle regarde dans la distance. À ce moment exact, le musicien se retourne et la regarde aussi. Elle tremble **à nouveau.**[13]

---

[13] once again

## 3 LE CIMETIERE NOIR ET BLANC

Le lendemain matin Caroline et sa tante partent en voiture.

– Nous allons visiter un site célèbre en Guadeloupe. C'est un cimetière, mais très unique, dit la tante de Caroline.

*Un cimetière ?* pense Caroline. *Je suppose un cimetière est un site idéal pour devenir courageuse…*

Quand elles arrivent devant le cimetière de Morne-À-L'eau, Caroline est surprise parce que le cimetière ressemble à un petit village noir et blanc.

– Pourquoi est-ce que les petites maisons sont toutes noires et blanches ?

– Le noir est la couleur du **deuil**[14] pour les Français, et le blanc est la couleur du deuil pour les Africains, alors ce cimetière représente un peu l'histoire culturelle de la Guadeloupe.

Caroline regarde avec fascination. Elle marche lentement et prend des photos. Elle regarde une photo et dit :

– Pas possible !

Sur la photo elle voit une silhouette. Elle zoome et voit que c'est le musicien. Elle regarde dans le cimetière mais elle ne voit

---

[14] mourning

personne. Elle pense :

*Oh non, cette situation ressemble à un film d'horreur, et je n'aime pas les films d'horreur ! Courageuse, moi ? Pas aujourd'hui !* Et elle court vers la voiture de sa tante sur le parking.

## 4 LA SOUFRIERE[15]

Après la visite du cimetière, Caroline et sa tante vont chez une amie de sa tante. Son amie a une fille qui a bientôt dix-huit ans, comme Caroline. Elle s'appelle Thérèse. Thérèse lui parle d'un volcan en Guadeloupe. Le volcan s'appelle La Soufrière. Elles décident de visiter le volcan le lendemain. Caroline est contente parce qu'elle va marcher sur un vrai volcan ! Caroline pense :

---

[15] La Soufrière, is an active volcano on the French island of Basse-Terre, in Guadeloupe. The name 'Soufriere' is a French term used to describe any volcanic area, literally translated to mean, "sulphur in the air".

*Oui, un site idéal pour prouver que je suis courageuse !*

Le lendemain, Caroline prépare des provisions et va chez Thérèse.

Quand les filles arrivent sur le volcan, la vue est spectaculaire ! Les filles prennent beaucoup de photos. Il y a beaucoup de **brouillard**[16] . Caroline ne voit plus Thérèse mais elle voit une forme dans le brouillard. Elle lui parle, mais la forme ne répond pas. Elle se dit :

*C'est mon imagination ? C'est un fantôme ?*

Elle marche lentement. Elle touche le fantôme. C'est une autre personne, mais ce n'est pas Thérèse ! Elle voit que c'est le

---

[16] fog

musicien avec sa guitare. Il est sur le volcan aussi!

– Bonjour, lui dit-il.

– Bonjour, répond-elle timidement.

– Je m'appelle Mathieu.

– Je suis Caroline. Tu es musicien ?

– Oui, répond-il.

– Tu vas jouer de la musique aujourd'hui ?

– Oui, pourquoi pas ? Un petit concert sur le volcan peut être sympa.

Maintenant, il fait très gris. Caroline ne voit plus Mathieu. Tout est silencieux. Elle ne veut pas marcher parce qu'elle a peur de tomber dans le volcan. Une personne lui prend le bras. Elle pense :

*Est-il possible que ce beau garçon soit dangereux ?*

Elle est certaine qu'elle va tomber dans le volcan, alors elle commence à crier.

– Pourquoi cries-tu ? entend Caroline.

Maintenant Caroline comprend que c'est Thérèse !

– Vite ! Dans le bus ! Il pleut ! crie Thérèse.

Caroline cherche Mathieu dans le parking mais elle ne le voit pas. Le bus descend lentement du volcan. Elle pense :

*Pourquoi est-ce que je n'ai pas parlé avec ce garçon ? Bientôt dix-huit ans, et je suis loin d'être courageuse et indépendante...*

## 5 SAUT DE LA LEZARDE

Aujourd'hui Caroline retourne à Basse-Terre. Elle va visiter une **cascade**[17] qui s'appelle « Saut de la Lézarde ». Elle y va seule parce que sa tante travaille et Thérèse est occupée. Quand le bus arrive à destination, Caroline ne sait pas où aller. Elle voit un groupe de personnes qui marche vers la forêt tropicale. Elle y va aussi. Elle décide de prendre des photos des plantes tropicales. Elle aime le silence et le calme. Bientôt, elle ne voit plus le groupe.

Caroline continue à marcher. Elle entend un

---

[17] waterfall

bruit. C'est le bruit d'une personne **qui la suit**[18]. Elle s'arrête. Quand elle recommence à marcher, le bruit recommence aussi. Elle décide de marcher plus vite, mais le bruit va plus vite ! Quand elle court, elle entend le bruit qui court aussi ! Elle n'est plus courageuse. Elle est seule dans la forêt et elle est en danger. Elle ne regarde pas où elle va et elle **tombe par terre**[19].

Elle voit un animal qui la regarde avec curiosité. Quel est cet animal ? C'est un chat ? Un chien ? Un rat énorme ?

---

[18] who is following her

[19] falls on the ground

L'Île Papillon

– C'est **un raton- laveur**[20], dit une voix derrière elle.

Caroline se retourne et voit Mathieu, le musicien mystérieux avec sa guitare.
Caroline regarde dans la forêt. *Pas possible ! Mathieu ? **Où est la caméra cachée**[21] ?*

– Ça va, Caroline ? demande-t-il. Il lui donne la main. Après, il marche vers le raton-laveur et l'animal court dans la forêt.

– Merci Mathieu, lui dit-elle.

*Vite !* pense-t-elle, *parle !*

– Tu sais, tu joues bien de la musique.

---

[20] raccoon. Although native to most of the US, Canada, and in parts of South America, the raccoon was introduced to Guadeloupe a few centuries ago. The Guadeloupe raccoon may face extinction without conservation efforts due to the loss of its forest habitat and still being hunted by the islanders for food.

[21] Where's the hidden camera?

Pourquoi tu ne donnes pas de concerts ?

Il la regarde un long moment et dit :

– J'aime donner des concerts. Je chante sur la plage, devant les cafés ou dans les restaurants.

– Non, mais, je parle d'un vrai concert.

Mathieu dit :

– Oui, peut-être un jour. Je dois y aller, à bientôt Caroline, et il continue à marcher dans la forêt.

Quand Caroline arrive enfin à la cascade d'eau, elle pense :

*Mathieu n'est pas dangereux… il est timide…peut-être il cherche une amie ?*

Quand elle arrive à la cascade, elle nage

longtemps. Quand elle regarde enfin l'heure, elle voit qu'elle n'a plus beaucoup de temps pour prendre le dernier bus. Elle court dans la forêt tropicale. Elle arrive au parking des bus mais c'est trop tard. Il n'y a plus son bus !

Elle voit un autre bus dans le parking. Caroline marche vers le bus. Elle demande au chauffeur où est le bus qui va à Sainte-Anne. Le chauffeur lui dit qu'il n'y a plus de bus ! **Il commence à faire nuit**[22] et Caroline veut retourner chez sa tante. Le chauffeur dit **qu'il peut la déposer à un autre arrêt de bus**[23] où elle peut prendre le bus qui va à Sainte-Anne. Caroline monte dans le bus. Le bus va lentement. Caroline regarde par la

---

[22] It's starting to get dark

[23] He can drop her off at another bus stop

L'Île Papillon

fenêtre mais il fait nuit et elle ne voit rien. Quand le bus s'arrête, Caroline descend et attend le bus pour Sainte-Anne. Elle cherche le bus mais elle ne le voit pas. **Elle a l'impression que des heures passent en attendant** [24]le bus. Elle s'impatiente. Elle voit dans la distance une lumière et pense :

*C'est peut-être une maison ou un magasin ?*

Avec beaucoup d'hésitation, elle décide de marcher vers cette lumière. Quand elle s'approche, elle voit que c'est un café. Elle est très contente. Elle entre dans le café, téléphone à sa tante, et attend devant le café. Elle est surprise quand elle voit un homme à moto avec sa guitare. Pendant un instant,

---

[24] It seems that she's been waiting hours for the bus

leurs yeux se croisent. Il sourit et il s'en va.

– Mathieu ? dit Caroline dans le silence de la nuit.

## 6 UN RENDEZ-VOUS

Aujourd'hui Caroline va au marché de la plage Ste-Anne. Au marché, il y a des fruits, des légumes, et des souvenirs touristiques. Pendant que Caroline fait du shopping elle voit Mathieu. Elle pense :

*Maintenant, c'est le moment ! Parle-lui et découvre qui est ce garçon !*

Sans hésitation, elle marche dans sa direction. Quand elle arrive derrière Mathieu, il se retourne et elle lui dit :

– Quelle surprise !

Mathieu sourit et continue de regarder des

**colliers faits de coques de noix de coco**[25]. Il achète un avec **un pendentif** [26] en forme de guitare. Caroline l'admire, alors elle en achète un aussi.

Caroline et Mathieu passent l'après-midi ensemble. Ils nagent dans la mer, ils regardent les touristes, et ils parlent sur la plage :

– Maintenant que nous sommes amis, j'ai une question. Pourquoi est-ce que tu as ta guitare avec toi ? lui demande Caroline.

– Je suis musicien, répond Mathieu. Je ne sais jamais où je vais trouver l'inspiration.

– Quelle est ton inspiration maintenant ? lui

---

[25] coconut shell carved necklaces

[26] a pendant

demande-elle.

– J'ai en ce moment une grande inspiration, dit-il. La Guadeloupe m'inspire beaucoup.

– Tu viens de Guadeloupe ? demande Caroline.

– Mon père vient de Guadeloupe, mais j'habite en France. Ma vie est très différente en France.

Il regarde Caroline et continue :

– J'aime venir en Guadeloupe. En Guadeloupe, je fais ce que je veux quand je veux. Si je veux marcher sur la plage seul j'y vais sans problème. Si je veux voyager à moto, je peux. J'ai beaucoup de liberté en Guadeloupe. Aussi, quand je viens ici je trouve beaucoup d'inspiration pour ma musique.

– Demain est mon dernier jour en Guadeloupe. Tu viens visiter les Îles des Saintes avec moi ?

– Peut-être, répond Mathieu. Il marche vers sa moto et s'en va.

# 7 LES ÎLES DES SAINTES

Aujourd'hui est le dernier jour en Guadeloupe pour Caroline. Elle va visiter des petites îles à côté de la Guadeloupe qui s'appellent « Les Îles des Saintes ». Elle prend un bateau pour y aller. Quand elle arrive, elle entend une voix familière qui dit :

– Caroline, tu veux manger ? Tu veux un gâteau qui s'appelle le **Tourment d'Amour**[27] ?

Caroline est contente de voir Mathieu. Elle pense :

---

[27] "Love's Torment." A traditional pastry from the Saintes islands similar to a small tart tender on the inside and crunchy on the outside made with coconut, banana or guava filling.

*Ok, Caroline. C'est le moment de savoir qui est vraiment ce beau Mathieu. Sois cool et courageuse…*

– Pourquoi ce gâteau s'appelle Tourment d'Amour ? demande Caroline.

La femme qui vend les gâteaux lui explique :

– C'est une légende de la Guadeloupe. Une femme attend le retour de l'amour de sa vie. L'homme est absent pendant longtemps en mer. Pendant des jours et des jours, la femme l'attend avec impatience. Elle lui fait ce gâteau et **pense qu'il reviendra**[28], mais il ne revient jamais. La femme est triste. Peut-être son homme est mort en mer ? Peut-être qu'il a trouvé une autre femme qu'il préfère ? Elle

---

[28] thinking that he would return

est dévastée, et elle **meurt de tristesse**[29].
Voilà pourquoi ce gâteau s'appelle Le
Tourment d'Amour. Caroline regarde
Mathieu et dit :

– Quelle histoire tragique ! Pourquoi cette
femme n'a pas parlé de ses émotions ? La
communication est une solution simple,
non ? C'est une histoire triste, mais un gâteau
délicieux ! répond-elle.

Quand ils ont fini le gâteau, Mathieu dit :

– Allons à la plage. C'est par là. Et il lui
prend la main.

Caroline aime la plage. Elle est surprise de
voir qu'il y a des **iguanes**[30] et beaucoup de

---

[29] dies of sadness

[30] iguanas

**colibris**[31].

« Qu'est-ce que tu penses de ton voyage en Guadeloupe ? demande Mathieu.

– C'est magnifique… et un peu difficile.

– Difficile ? Pourquoi ?

Caroline rit, un peu anxieuse.

– Je pense que je ne suis pas très courageuse. J'ai décidé de voyager seule en Guadeloupe parce que j'ai des problèmes chez moi. Aussi, **je voulais me prouver** [32] que je suis indépendante, mais je trouve que c'est difficile d'être indépendante tout le temps !

– Si tu es courageuse, Caroline ! Tu es capable de trouver des solutions à tous les

---

[31] humming birds

[32] I wanted to prove to myself

problèmes ! Par exemple, quand tu as visité le volcan, **tu n'as pas eu peur**[33]. Ou quand tu as visité la forêt tropicale, tu n'as pas eu peur.

– Mais Mathieu, tu étais avec moi, peut-être c'est toi qui trouves toutes les solutions !

– Et quand tu as eu des problèmes avec le bus ? continue-t-il.

– Le bus ? demande Caroline.

– Oui, le bus pour Sainte-Anne. **Tu as dû marcher**[34] à un café et téléphoner à ta tante.

– Comment sais-tu que j'ai eu des problèmes avec le bus ? Je n'ai jamais parlé du bus avec toi.

---

[33] you weren't scared

[34] you had to walk

Mathieu hésite. Finalement il dit :

– Oui…c'est parce que **je t'ai suivie**[35] à moto.

– Pourquoi ? demande-t-elle.

– Il est quinze heures, c'est l'heure de retourner au bateau, non ? dit Mathieu.

Caroline regarde Mathieu et dit :

– Mathieu, demain je rentre chez moi, mais nous n'avons pas fini notre conversation. Tu me donnes ton numéro de téléphone ?

– Ce n'est pas nécessaire, Caroline. **Je saurai te retrouver**[36], » répond Mathieu mystérieusement.

---

[35] I followed you

[36] I will know how to find you.

## 8 LE MUSICIEN

Quelques semaines plus tard, quand Caroline est chez elle en France, elle est mélancolique. Elle a passé un bon anniversaire avec sa famille, mais elle pense que dix-huit ans n'est pas très différent de dix-sept ans. Elle est juste Caroline, avec un an de plus. Elle regarde les photos de Guadeloupe sur son téléphone. Elle regarde un selfie avec sa tante à l'aéroport. Caroline est confuse. Sur la photo, elle voit une personne qui regarde dans leur direction. Elle zoome sur l'image.

– C'est Mathieu ?

Caroline regarde d'autres photos. Il y a une photo d'elle et sa tante au restaurant. Elle voit Mathieu derrière, seul à une table. Caroline regarde une photo sur la plage Sainte-Anne. Elle zoome sur l'image, et oui, Mathieu est aussi sur la photo. Elle se demande :

*Pourquoi est-il dans toutes mes photos ? Existe-t-il vraiment, ou existe-t-il seulement dans mon imagination ?* ***Je n'ai jamais su qui il était…***[37]

Caroline écoute la radio. Elle écoute une chanson d'amour, avec un refrain intéressant :

– ***Je pense aux bons moments de cet été, je***

---

[37] I never learned who he was

*saurai te retrouver…*[38]

Caroline adore la chanson. Le DJ à la radio dit :

– *Et voilà, la nouvelle chanson de M. Le Claire, qui s'appelle « Tourment de l'Amour ». J'espère que vous aimez. Son nouvel album va avoir beaucoup de succès...*

Caroline regarde sur Internet. Qui est ce M. Le Claire ? Elle trouve une interview. Il a les cheveux très courts, et il porte un costume noir et élégant. Il porte aussi des lunettes de soleil. Dans l'interview, il parle de son inspiration. Il parle d'un voyage, et de sa muse. Sa muse est une fille qu'il a rencontrée pendant ce voyage, une fille extraordinaire et

---

[38] I think about the good times from this summer, I will know how to find you again…

courageuse. Il explique que ce voyage a été important pour retrouver l'inspiration.

Caroline regarde l'interview et elle est un peu triste parce que finalement **elle ne reconnaît pas** [39]ce garçon. Elle pense à Mathieu. Mathieu a de longs cheveux, il aime jouer de la musique seul sur la plage, il est timide et n'aime pas beaucoup l'attention. Mathieu est très différent du garçon dans l'interview.

Caroline décide d'aller en ville. Elle va au café et s'assied à une table. Pendant qu'elle regarde son téléphone, un garçon s'assied à côté d'elle.

– Bonsoir, lui dit-il.

Caroline le regarde.

---

[39] she doesn't recognize

– Tu ne me reconnais pas ? lui demande-t-il.

Il a les cheveux noirs et courts, mais quand il enlève ses lunettes de soleil Caroline voit qu'il a de beaux yeux verts.

– Mathieu ? C'est toi … Caroline ne finit pas sa phrase.

Il lui dit :

– Je suis M. Le Claire.

Caroline le regarde. Il a un collier avec un pendentif fait de coque de noix de coco en forme de guitare.

« M. Le Claire ? Mathieu ? Mathieu Le Claire ? Mathieu de Guadeloupe ? C'est toi ? Mais tu es célèbre ! crie Caroline.

– Oui…un peu, répond-t-il.

– Pas possible ! Tu n'existes pas seulement

dans mon imagination ?

– Non, Caroline, j'existe vraiment ! s'exclame-t-il.

– Pourquoi tu ne m'as pas dit que tu étais célèbre ?

– Caroline, je peux tout expliquer. Maintenant que je suis célèbre pour ma musique, ma vie est très différente. Je ne suis pas courageux comme toi. **Je n'ai pas osé te dire**[40] que je suis célèbre.

– Je pense que tu es courageux si tu donnes des concerts à des milliers de personnes !

– Oui, pour moi, ce n'est pas difficile. Je pense qu'il est très difficile de parler sincèrement à une seule personne. Quand tu

---

[40] I didn't dare tell you

es célèbre, tout le monde veut être ton ami. Mais ils ne sont pas vraiment tes amis.

– Je suis ton amie, Mathieu. Mais explique-moi pourquoi es-tu dans toutes mes photos de Guadeloupe ?

– Si je suis dans tes photos en Guadeloupe c'est parce que je voulais parler avec toi, mais je suis timide. Je ne voulais pas que tu sois mon amie parce que je suis célèbre. Je sais maintenant que tu m'apprécies parce que je suis Mathieu, un garçon sympa qui joue de la musique sur la plage.

– Je suis contente de te voir.

– Je t'avais dit Caroline, je saurai te retrouver. [41] »

---

[41] "Like I told you Caroline, I will know how to find you."

# Glossaire

a: has

à : to, at

absent : absent

accras : Caribbean salt fish fritters

achète : buys

adore : adores, loves

adulte : adult

africains : African

aile, ailes : wing/s

aime : likes

aiment : like

aimez : like (vous)

album : album

aller : to go

allons : (we) go

alors : so, well, then

ami, amie, amis : friend/s

an, ans : year/s

animal : animal

année : year

anniversaire : birthday

anxieuse : nervous

après : after

arrêt (de bus) : bus stop

arrive : arrives

arrivent : arrive

arrivés : arrived

as: have (tu)

assez : enough

attend : waits

attendant : waiting

attention : attention

au : to the, at the

aujourd'hui : today

aussi : also

autre, autres : other/s

aux : to the (plural)

avec : with

avoir : to have

bagages : bagages, luggage

bananes : bananas

Basse-Terre : island along with Grande-Terre that makes up the overseas department of Guadeloupe.

Bateau: boat

Beau, beaux : beautiful, handsome

Beaucoup : a lot

Besoin : need/s

Bien : well, good

Bientôt : soon

Bizarre : bizarre, weird

blanc, blanches : white

bon, bons : good

bonjour : hello

bonsoir : good evening

bras : arm/s

bronzé: tan

brouillard: fog

bruit, bruits: noise/s

bus: bus

c'est: it's

ça : that

cachée : hidden

café, cafés : café/s

calme : calm

caméra : camera

canne (à sucre) : sugar cane

capable : capable

capitale : capital

Caraïbes : Caribbean

carte : map

cascade : waterfall

ce, cet, cette : this

célèbre : famous

certaine : certain

chambre : bedroom

chanson : song

chante : sings

chantent : sing

chaque : each

chat : cat

chaud : hot

chauffeur : chauffeur, driver

cherche : looks for

chercher : to look for

chère : expensive

cheveux : hair

chez : the house of

chien : dog

cimetière : cementery

claque : slams

coco : coconut

coincidence: coincidence

colibris : hummingbird

collier, colliers : necklace/s

colombo : chicken curry dish

colonisent : colonize

comme : like, as

commence : starts

comment : how

communication : communication

compétitive : competitive

comprend : understands

concert, concerts : concert/s

conche : conch shell

confuse : confused

contente, contentes : happy

continue : continues

conversation : conversation

cool : cool

coque, coques : shell/s

costume : suit

côté : side

couleur : color

courageuse, courageux : courageous

court : runs

courts : short

création : creation

créole : Creole

crie : yells

crier : to yell

croisent : cross

culturelle : cutlural

cultures : cultures

curiosité : curiosoty

d'Amour (Tourment d'Amour): "Love's Torment"- name of a pastry from island of Guadeloupe

d'autres: of others

d'eau : of water

d'enthousiasme: of enthousiasm

d'être: to be

d'hésitation : of hesitation

d'horreur : of horror

d'inspiration : of inspiration

d'un, d'une : one of

danger: danger

dangereux : dangerous

dans : inside

de : of, from

décide : decides

décidé : decided

décident : decide

découvre : discover

délicieux : delicious

demain : tomorrow

demande : asks

déposer : drop off

depuis : since

dernier : last

derrière : behind

des : some, of the (plural)

désagréable : disagreeable, unkind

descend : to go down to

destination : destination

deuil : grief, to grieve

deux : two

devant : in front of

dévastée : devasted

devenir : to become

différent, différente, différentes : different

difficile : difficult

direction : direction

distance : distance

dit : says

dix-huit : eighteen

dix-sept : seventeen

DJ : DJ

Dois : must, should

Donne : gives

Donner : to give

Donnes : give

Du : of the

Dû (tu as dû) : you had to

écoute : listens

élégant : elegant

elle : she

elles : they

émotions : emotions

en : in

enfin : finally, at last

enlève : remove

énorme : enormous

ensemble : together

entend : hears

entre: in between, among

es : are (tu es)

esclaves : slaves

est : is

et : and

étais : were (tu)

était : was

été : summer, (a été: was)

être : to be

eu : had

exact : exact

exemple : example

explique : explains

expliquer : to explain

extraordinaire : extraordinary

faire : to make, to do

fais : makes, does

fait : makes, does

faits : made

familière : familiar

famille : family

fantôme : ghost

fascination : fascination

femme : woman

fenêtre : window

fille, filles : girl/s

film, films : film/s

finalement : finally

fini : finished

finit: finishes

foot: soccer

forêt : forest

forme : form, shape

Français, française : French

France : France

fruits : fruit

furieuse : furious

garçon : boy

gâteau, gâteaux : cakes/s

grande : big

grenouilles : frogs

gris : grey

groupe : group

Guadeloupe :

Guadeloupe

Guitare : guitar

Habitants : inhabitants

Habite : lives

Haute Terre : island along with Basse-Terre that makes up the overseas department of Guadeloupe.

Hésitation : hesitation

Hésite : hesitates

Heures : hours

Histoire : story, history

Homme : man

Ici : here

Idéal : ideal

Iguanes : iguanas

Il : he

île, îles : island/s

ils : they

imagination : imagination

impatience : impatience

important : important

importe : imports

indépendante : independant

inspiration : inspiration

instant : instant

intéressant : interesting

Internet : internet

Interview : interview

J'ai : I have

J'aime: I like

J'espère : I hope

j'existe : I exist

j'habite : I live

jalouse : jealous

jamais : never, ever

Je : I

Joue : plays

Jouer : to play

Joues : play

jour, jours : day/s

juste : just

l'admire : admires it

l'aéroport : the airport

l'amour : love

l'animal : the animal

l'après-midi : the afternoon

l'attend : waits for him

l'attention: the attention

l'autre : the other

l'avion : the plane

l'école : the school

l'écoutent : listen to him

l'entends : you hear it

l'heure : the hour, the time

l'histoire: the story, the history

l'homme : the man

l'image : the image

l'impression: the impression

l'inspiration: the inspiration

l'interview: the interview

la : the

là : there

langue : language

le : the

légende : legend

légumes : vegetables

lendemain : the next day

lentement : slowly

les : the

leur, leurs : their

Lézarde : (Saut de la Lézarde) waterfall in Guadeloupe

liberté : freedom

loin : far

long, longs :long

longtemps : long time

lui : to him/her

lumière : light

lunettes : glasses

M. : Mr

m'accompagnes : accompany me

m'apprécies : appreciate me

m'inspire : inspires me

ma : my

magasin : store

magnifique : magnificent

L'Île Papillon

main : hand

maintenant : now

mais : but

maison, maisons : house/s

maman : mom

mange : eats

mangé : ate

manger : to eat

marche : walks

marché : market

marcher : to walk

match : game

matin : morning

me : me

mélancolique : meloncholic, feeling nostalgic

même : same, even

mémoire : memory

mer : sea

merci : thank you

mère : mother

mes : my

meurt : dies

milliers : thousands

moi : me

moment, moments : moment/s, times

mon : my

monde (tout le monde): world, (everybody)

monte: climbs

Morne-À-L'eau : unique cementery in Gudeloupe islands

Mort : dead

Moto : motorcycle

Muse : muse

Musicien : muscian

Musique : music

Mystérieusement : mysteriously

Mystérieux : mysterious

Nage : swims

Nagent : swim

Nécessaire : necessary

noir, noires, noirs : black

noix : nut

non : no

notre : our

nourriture : food

nous : we, us

nouveau, nouvel, nouvelle : new

nuit : night

numéro : number

occupée : busy

oh: oh

Ok :*O.K.*

on : one, we

ont : have

osé: dared

ou : or

où : where

oui : yes

papillon : butterfly

par : by

parce que : beacause

parking : parking lot

parle : talks

parlé : talked

parle-lui : talk to him

parlent : talk

parler : to talk

partent : leave

partir : to leave

pas : not (ne..pas)

passé : spent

passent : pass, spent

passer : to pass, spend time

passion : passion

pendant : during

pendentif : necklace pendant

pense : thinks

pensent : think

penses : think

père : father

période : period of time

personne : a person, (ne..personne) no one

personnes : people

petit, petite, petites, petits : small

peu : small amount of

peur : fear, scared

peut : can

peut-être : maybe

peux : can

photo, photos : photo/s

phrase : sentence

plage : beach

plantes : plants

pleurer : to cry

pleut : rains

plus : more, (ne…plus) no longer

Pointe-à-Pitre : capital of Guadeloupe

porte : wears

possible : possible

poulet : chicken

pour : for

pourquoi : why

pouvez : can (vous)

préfère : prefers

premier : first

prend : takes

prendre : to take

prennent : take

prépare : prepares

problème, problèmes : problem/s

production : production

prouver : to prove

provisions : provisions

qu', que : that

qu'est-ce que : what (question)

quand : when

quel, Quelle : what

quelques : a few

question : question

qui : who

quinze : fifteen

radio : radio

rat : rat

raton-laveur : racoon

recommence : starts again

reconnais : recognize

reconnaît : recognizes

refrain : refrain

regarde : looks at, watches

regardent: watch

regarder : to watch, look at

rencontrée : met

rentre : returns

répond : answers

représente : represents

ressemble : resembles

restaurant, restaurants : restaurant/s

rester : to stay

retour : return

retourne : returns

retourner : to return

retrouver : to find

again

reviendra: will come back

revient : comes back

revoir : see again

rien : nothing

rit : laughs

s'appelle : name is

s'appellent : names are/ are called

s'approche : approaches

s'arrête : stops

s'assied : sits down

s'exclame-t-il : he exclaims

s'impatiente : gets impatient

sa : his/her

Sainte-Anne : town in Guadeloupe

Saintes: group of islands by Guadeloupe

sais: know

sais-tu : do you know?

sait : knows

sans : without

saurai : I will know

Saut de la Lézard : waterfall in Guadeloupe

savoir : to know

se : himself, herself

selfie : a selfie

semaines : weeks

sent : feels

serveuse : waitress

ses : his/her

seul, seule : alone

seulement : only

shopping : shopping

si : if

silence : silence

silencieux : silent

silhouette : silhouette

simple : simple

sincèrement : sincerely

site : site

situation : situation

soir : evening

sois : be

soit : be

soleil : sun

solution, solutions : solution/s

sommes : are (nous)

son : his/her

sont : are

Soufrière : volcano in Guadeloupe

sourit: smiles

souvenirs : souvenirs

spécialités : specialties

spectaculaire : spectacular

Ste-Anne : Sainte-Anne, town in Guadeloupe

su : knew

succès : success

sucre : sugar

suis : am

suit : follows

suivie : followed

sujet : subject

suppose : suppose/s

sur : on

surprise : surprise

sympa : nice

ta : your

tabac : tobacco

table : table

talent : talent

tante : aunt

tard : late

te : you

téléphone : telephone, makes a phone call

téléphoner : to make a phone call

temps : time

tes : your

timide : timid

timidement : timidly

toi : you

tombe : falls

tomber : to fall

ton : your

tonnes : tons

touche : touches

touristes : tourists

touristiques : touristic

Tourment d'Amour : (Tourment d'Amour): "Love's Torment"- name of a pastry from island of Guadeloupe

tout, tous, toutes : all

tragique : tragic

transformer : to transform, change

travail : work

travaille : works

tremble : trembles

très : very

triste : sad

tristesse : sadness

trop : too

tropicale, tropicales : tropical

trouve : finds

trouvé : found

trouver : to find

trouves : finds

tu : you

un, une : one, a, an

unique : unique

utilisé : used

va : goes

vais : go

vas : go

vend : sells

venir : to come

vers : towards

verts : green

veut : wants

veux : want

vie : life

viens : come

vient : comes

village : village

ville : city

vingt : twenty

visite : visits

visité : visited

visiter : to visit

vite : fast

voilà : there is, here is

voir : to see

voit : sees

voiture : car

voix : voice

volcan : volcano

vont : go

voulais : wanted

voulez : wants (vous)

vous : you (formal, plural)

voyage : trip, travels

voyager : to travel

voyagera : will travel

vrai : true

vraiment : really

vue : view

y : there

yeux : eyes

zoome: zooms in on

# À PROPOS DE L'AUTEUR

A. Briotet has extensive experience teaching French in high school. She has undergraduate degrees in French literature, English, and Spanish. She has graduate degrees from the Université de Montpellier and the Université de Perpignan, France, and is National Board Certified in French. Over the years she has found that students learn best through reading stories and storytelling. She speaks French at home with her husband, children, and corgi. She has other novels available on amazon.com.

Made in the USA
Columbia, SC
02 July 2023